Reinhard Abeln

Wohnt der liebe Gott im Himmel?

Antworten auf Kinderfragen

Mit Illustrationen
von Yo Rühmer

Verlag Butzon & Bercker Kevelaer

Die Deutsche Bibliothek – CIP-Einheitsaufnahme

Ein Titeldatensatz für diese Publikation ist bei
Der Deutschen Bibliothek erhältlich

verlags
gruppe
engagement

ISBN 3-7666-0304-3

Umschlaggestaltung: Yo Rühmer, Frankfurt/Main
Druck und Bindearbeiten: Grafo. S.A. (E)

Liebe Eltern, liebe Großeltern und Erzieher!

Kinder im Kindergarten- und Vorschulalter fragen uns „Löcher“ in den Bauch. Sie fragen nach den schwierigsten Zusammenhängen und geben nicht eher auf, bis sie eine ausreichende und zufrieden stellende Antwort erhalten haben. Das gilt auch für den religiösen Bereich.
Da kann es zum Beispiel heißen: „Hat mich der liebe Gott gemacht?“ – „Warum lässt Gott Kriege zu?“ – „Hört mich Gott, wenn ich mit ihm spreche?“ – „Wo ist jetzt der tote Opa?“ – „Wie sieht der liebe Gott aus?“ – „Warum sterben wir Menschen?“
Dieses Buch greift einige wichtige religiöse Fragen auf und versucht, sie den Kindern zu beantworten. Die Texte sind sprachlich sehr einfach gehalten, damit die Kinder alles verstehen, was hier gesagt wird. Farbenfrohe Bilder wollen das Gesagte ein wenig veranschaulichen und vertiefen. Nehmen Sie dieses Buch zusammen mit Ihrem Kind (Enkel) in die Hand! Lesen Sie ihm daraus vor und betrachten Sie mit ihm die bunten Bilder!

Beantworten Sie ihm vor allem die vielen Fragen, die Ihnen das Kind beim Lesen und Schauen stellt!
Es können daraus schöne und glückliche Stunden werden. Ihr Kind (Enkel) wird Ihnen dankbar sein für die Nähe und die Ruhe, für die Erfahrung und die Geduld, die Sie ihm schenken. Vielleicht wird durch diese Lese- und Erzählstunden nicht nur das Kind bereichert, sondern auch Sie selbst.

Viel Freude und Gewinn mit diesem Buch wünscht Ihnen

Ihr Reinhard Abeln

Vater unser im Himmel

Kommt die ganze Welt von Gott?

Ja, die ganze Welt kommt von Gott. Im ersten Buch der Bibel steht beschrieben, wie Gott die Welt geschaffen hat. Zuerst machte Gott Himmel und Erde. Die Erde aber war noch ganz leer und dunkel. Da sagte Gott: „Es soll Licht sein auf der Erde!“ Und er machte den Tag und er machte die Nacht.

Dann machte Gott den blauen Himmel mit den weißen Wolken. Die Erde teilte er in zwei Teile. Dort war Platz für das Meer und dort war Platz für das trockene Land. Und Gott sagte: „Es sollen Bäume sein auf der Erde und grüne Pflanzen!“

Da wuchsen Bäume: hohe Bäume und niedrige Bäume, Bäume mit Blättern und Bäume mit Nadeln, Apfelbäume und Tannenbäume. Es spross Gras aus der Erde. Es wuchsen viele bunte Blumen: weiße und gelbe, blaue und rote.

Dann machte Gott die Sonne und den Mond und die Sterne. Gott sagte: „Sie sollen leuchten, damit es nie mehr ganz dunkel ist!" Und er setzte die Sonne, den Mond und die Sterne an den Himmel.

Dann sagte Gott: „Es sollen Tiere sein auf der Erde!" Zuerst machte er alle Tiere, die im Wasser leben: riesengroße Walfische und kleine Seepferdchen, hungrige Hechte und schöne Goldfische. Dann machte er die Vögel und schenkte ihnen bunte Federn und Flügel. Darauf folgten die anderen Tiere: Elefanten und Giraffen, Kühe und Pferde, Schnecken und Mäuse.

Zuletzt machte Gott den Menschen. Er machte einen Mann und eine Frau. Den Mann nannte er Adam und die Frau Eva. Gott sagte zu dem Mann und der Frau: „Ich schenke euch alles, was ich gemacht habe. Ihr sollt euch darum kümmern."

Dann ruhte Gott sich aus. Es gefiel ihm, was er gemacht hatte.

Wo wohnt der liebe Gott?

Christen sagen, dass Gott im Himmel wohnt. Aber wo ist der Himmel? Himmel ist nicht ein bestimmter Ort, etwa über den Wolken; dort, wo die Astronauten kreisen. Himmel – und damit Gott – ist mitten unter den Menschen.

Gott ist uns überall nahe. Er ist besonders dort, wo ihn Menschen suchen und lieben. Er ist überall da, wo Menschen einander Liebe und Freude, Verständnis und Verzeihen entgegenbringen.

Ein Kind hat einmal auf die Frage, wo Gott ist, geantwortet: „Gott ist über mir und unter mir, um mich herum und in mir." Das ist eine sehr schöne Antwort!

Wir können es auch so sagen: Dort, wo Menschen zueinander gut sind, da ist der Himmel. Wo Menschen einander lieben, da wohnt Gott.

Wie sieht Gott aus?

Das weiß ich nicht. Noch nie hat jemand Gott gesehen. Keiner kann Gott sehen, denn er ist nicht sichtbar wie du und ich. Er ist anders und mächtiger als alles, was wir sehen können.

Auch in der Kirche ist Gott nicht zu sehen. Wir gehen aber in die Kirche, um Gottes Wort zu hören und um mit Gott zu sprechen, um zu beten. Wenn wir das tun, dann ist Gott bei uns.

Ist der liebe Gott ein Mann?

Nein, Gott ist kein Mann. Er ist ja kein Mensch und hat keinen Körper. Aber Gott ist wie ein Vater zu uns. Deshalb dürfen wir ihn im „Vaterunser“ Vater nennen.

Gott hat uns so lieb, wie ein Vater sein Kind lieb hat. Er ist immer für uns da, wenn wir ihn brauchen. Wir können uns auf ihn verlassen, wir können ihm ganz vertrauen.

Gott ist aber auch wie eine Mutter zu uns. Er kümmert sich um uns wie eine Mutter um ihr Kind. Er tröstet uns, wenn wir Trost brauchen. Er hilft uns, wenn wir Hilfe nötig haben.

Gott ist also wie ein Vater und wie eine Mutter zu uns. Du kannst dir Gott aber auch wie einen ganz guten Freund vorstellen. Ein Freund hat dich gern und du hast ihn gern. Ihm kannst du alles sagen, was dir auf dem Herzen liegt.

Hat mich der liebe Gott gemacht?

„Machen“ ist wohl nicht der richtige Ausdruck. Gott hat gewollt, dass es dich gibt. Deshalb bist du neun Monate im Bauch deiner Mama gewachsen. Und als du dann groß genug warst, hat dich deine Mama geboren. Darüber haben sich deine Eltern sicher sehr gefreut und dir einen schönen Namen gegeben.

Auch der liebe Gott hat sich gefreut, als du auf die Welt kamst. Er wollte ja, dass es dich gibt und dass deine Eltern dich lieb haben. Er will, dass du ein glücklicher und froher Mensch bist.

Das Schöne und Großartige ist, dass es dich nur einmal auf der Welt gibt. Kein Kind sieht genauso aus wie du. Jedes ist anders, hat andere Haare, andere Augen und andere Fähigkeiten. Du bist also einmalig auf der Welt – und Gott hat dich lieb, so wie du bist.

Ist Maria die Frau von Gott?

Nein, Maria ist nicht Gottes Frau. Weil Gott kein Mensch ist, kann er auch keine Frau haben. Gott hat aber Maria zu einer besonderen Frau gemacht. Er hat sie auserwählt, die Mutter von Jesus zu werden.

Und das geschah so: Eines Tages, als Maria noch eine junge Frau war, kam der Engel Gabriel zu ihr nach Nazaret. Er sprach: „Gott hat dich besonders lieb. Du sollst einen Sohn bekommen und ihm den Namen Jesus geben. Man wird auf ihn hören, wenn er zu den Leuten redet, denn er wird König sein und sein Reich wird kein Ende haben."

Maria fragte: „Wie soll das geschehen? Ich habe doch noch keinen Mann." Der Engel antwortete: „Gottes heiliger Geist wird über dich kommen. Gottes Kraft wird alles in dir bewirken. Darum wird man dein Kind den Sohn Gottes nennen." Da antwortete Maria: „Ich bin nur eine Dienerin des Herrn. Es soll so geschehen, wie du gesagt hast."

Wer ist Jesus?

Jesus wurde vor fast 2000 Jahren in dem Land geboren, das heute Israel heißt. Als er ungefähr 30 Jahre alt war, verließ er sein Elternhaus und zog mit seinen Freunden im Land umher. Jesus erzählte den Menschen, dass Gott sie alle sehr lieb hat und dass deshalb auch sie alle lieb zueinander sein sollten. Er ging vor allem zu den Menschen, die keiner recht leiden konnte oder die allein oder krank waren. Zu ihnen war er besonders lieb und freundlich und half ihnen. Aber Jesus hatte auch Feinde. Die sagten: „Er tut so, als ob er selbst Gott wäre. Das dürfen wir nicht zulassen." Und so beschlossen sie, ihn zum Tode zu verurteilen. Jesus starb am Kreuz. Aber Gott ließ Jesus nicht im Stich. Er weckte ihn vom Tode wieder auf.

Nun begriffen die Jünger, wer Jesus wirklich ist: Er ist in ganz einmaliger Weise eins mit Gott. In Jesus ist Gott Mensch geworden. Jesus ist der Sohn Gottes und unser Bruder. Und weil Jesus von den Toten auferstanden ist, ist er auch heute noch für uns da. Für dich, für mich, für alle.

Ist Jesus in der kleinen Hostie?

Ja, Jesus ist in diesem kleinen Stück Brot. Wenn die Erwachsenen und die größeren Kinder davon in der heiligen Messe, bei der Kommunion, essen, ist Jesus in ganz besonderer Weise bei ihnen.

Das ist seit dem letzten Abendmahl so. Jesus ahnte, dass er bald sterben musste. Deswegen kam er noch einmal mit seinen Freunden in einem Saal in Jerusalem zusammen. Er aß und trank mit ihnen.

Jesus nahm das Brot und sagte:
„Esst davon! Dies ist mein Leib."
Er gab seinen Freunden auch Wein und sagte:
„Trinkt davon! Dies ist mein Blut.
Sooft ihr davon esst und trinkt, bin ich bei euch."

Die Freunde von Jesus merkten, dass da etwas ganz Besonderes geschah.

Nach Jesu Tod kamen sie immer wieder zusammen, um dieses Mahl zu feiern. Sie dachten an Jesus und waren mit ihm verbunden. Genau das machen wir bis heute in unseren Gottesdiensten. Wir glauben, dass Jesus bei uns ist, wenn wir das Brot essen und den Wein trinken.

Gottes heiliger Geist – was ist das?

Das ist nicht einfach zu erklären. Ein Beispiel soll dir dabei helfen: Wenn du an einem kalten Frühlingstag einen Käfer findest, ist er oft ganz starr. Leg ihn auf deine Hand und hauche ihn an! Du wirst sehen, dass er bald beginnt, sich zu bewegen. Der Käfer krabbelt los, hebt schließlich die Flügel und fliegt davon. Dein Atem hat ihn aus der Starre erweckt.

Ähnlich ist es mit Gottes heiligem Geist, von dem Jesus einmal gesagt hat: „Ich werde euch Gottes heiligen Geist schicken. Er wird euch helfen. Er wird euch trösten."

Der heilige Geist ist wie ein Atem, den Gott uns ins Herz eingehaucht hat. Dieser Atem wohnt nun in uns und lässt uns als Gotteskinder leben. Gottes heiliger Geist ist wie eine innere Kraft, die uns zum Guten bewegt und uns Mut macht, wie Jesus unseren Weg in der Welt zu gehen. Gottes heiliger Geist zeigt uns, wie wir anderen Menschen Freude machen und sie in ihrem Leid trösten können.

Durch das Kirchenjahr

Warum feiern wir Advent?

Wir feiern Advent, weil wir uns auf Weihnachten, das Fest der Geburt Jesu, vorbereiten. Das Wort Advent kommt aus der lateinischen Sprache und heißt Ankunft, Erwartung.

Auf dem Tisch steht ein schön geschmückter Adventskranz mit vier farbigen Kerzen. An den vier Adventssonntagen zünden wir jeweils eine neue Kerze an. Immer heller soll es in unseren Herzen werden.

Wir singen im Advent gemeinsam Lieder, lesen Advents- und Weihnachtsgeschichten vor, erzählen und basteln zusammen. Wir schmücken unsere Wohnung mit Sternen, Adventskalendern, Gestecken und Lichtern. Wir freuen uns, dass bald Weihnachten ist, dass wir bald den Tag feiern können, an dem Gott seinen Sohn zu uns in die Welt geschickt hat.

Wer ist der Nikolaus?

Es ist schon viele hundert Jahre her, dass der heilige Nikolaus gelebt hat. Nikolaus war Bischof von Myra, einer kleinen Stadt in Kleinasien, der heutigen Türkei. Er liebte alle Menschen so sehr, dass er jedem half, der in Not war.

Einmal warf Nikolaus drei armen Mädchen drei Säcke mit Gold durchs Fenster. Dadurch wurden sie von ihrer Armut befreit und konnten besser leben.

Ein anderes Mal rettete er dreizehn Soldaten, die unschuldig zum Tod verurteilt waren, das Leben. Auch einem Schiff half er einmal aus großer Seenot.

Viele Jahre nach seinem Tod haben Kaufleute die Gebeine des heiligen Nikolaus aus Myra nach Bari in Unteritalien geholt. Dort wurde für den Bischof eine mächtige Kirche gebaut.

Nikolaus ist zu einem der beliebtesten Heiligen geworden. In Erinnerung an den heiligen Bischof kommt der Nikolaus (eine als Bischof verkleidete Person) am 6. Dezember zu den Kindern und bringt ihnen Süßigkeiten und kleine Geschenke.

Warum reden wir vom Christkind?

Wir reden vom Christkind, weil Jesus als kleines Kind geboren wurde. Und da man ihn außer Jesus auch noch Christus nennt, sprechen wir auch vom Christkind. Wir können auch Jesuskind sagen.

Dieses Jesuskind ist ganz einfach und bescheiden auf die Welt gekommen. Seine Eltern – Maria und Josef – fanden in der Herberge keinen Platz. Deshalb gingen sie zu einem Stall, um dort zu übernachten. Hier kam Jesus auf die Welt. Engel verkündeten den Hirten auf den Feldern die frohe Botschaft von der Geburt des Jesuskindes. Sogleich machten sich die Hirten auf den Weg, um das Kind zu besuchen und zu beschenken.

Wir freuen uns in jedem Jahr über die Geburt Jesu. Wir bauen zu Hause eine Krippe auf und erinnern uns daran, was sich vor etwa 2000 Jahren in Betlehem ereignet hat: Jesus wurde geboren.

Was bedeuten die Buchstaben C+M+B?

Die drei Buchstaben C+M+B, die die Sternsinger mit geweihter Kreide über die Haus- und Wohnungstüren schreiben, sind die Abkürzung für den lateinischen Satz: „Christus mansionem benedicat“, zu deutsch: „Christus segne dieses Haus.“ Die Sternsinger – Jungen und Mädchen aus der Gemeinde – ziehen in den Tagen nach Weihnachten von Haus zu Haus. Sie tragen einen Stern bei sich und besuchen die Familien. Sie singen Lieder und sagen Gedichte auf, die die Geschichte der Weisen aus dem Morgenland erzählen.

Die Weisen, so erzählt die Bibel, suchten den neugeborenen Jesus, um ihn als neuen König zu begrüßen. Ein Stern zeigte ihnen den Weg. In Betlehem fanden sie das Kind mit Maria und Josef. Sie beteten Jesus an und schenkten ihm Gold, Weihrauch und Myrrhe. Wie die Weisen aus dem Morgenland dürfen auch wir Jesus begrüßen und zu ihm sprechen: „Jesus, du bist unser König. Wir begrüßen dich. Dich loben wir und beten wir an.“

C+M+B

Wozu bekomme ich Asche auf die Stirn?

Das Aschenkreuz zeichnet uns der Priester oder Diakon am Aschermittwoch auf die Stirn. Die Asche will uns daran erinnern, dass alles Schöne dieser Welt einmal ein Ende hat, auch unser Leben.

Dabei spricht der Priester oder Diakon zu uns die Worte: „Bedenke, Mensch, dass du Staub bist und wieder zum Staub zurückkehren wirst." Oder auch: „Bekehrt euch und glaubt an das Evangelium!"

Am Aschermittwoch beginnt die sogenannte „Fastenzeit" oder auch „österliche Bußzeit". Vierzig Tage lang bereiten wir uns auf das größte Fest der Christen, auf Ostern, vor.

Viele verzichten in diesen Wochen auf etwas, das sie gerne haben. Sie denken auch ganz besonders an die notleidenden Menschen und spenden für sie in der Misereor-Fastenaktion. Misereor – ein lateinisches Wort – heißt: „Ich erbarme mich."

Karwoche – was bedeutet das?

Die Karwoche beginnt mit dem Palmsonntag, dem Sonntag vor Ostern. Wir denken in dieser Woche an das Leiden und Sterben von Jesus. Am Palmsonntag überwiegt noch die Freude. Wir erinnern uns an den Einzug Jesu in Jerusalem: Jesus ritt auf einem jungen Esel in die Stadt hinein. Die Menschen waren begeistert von ihm, weil er viele Wunder getan und Kranke geheilt hatte. Darum empfingen sie ihn wie einen König.

Am Gründonnerstag hat Jesus mit seinen Jüngern das letzte Abendmahl gefeiert. Er hat mit ihnen gegessen und getrunken und ihnen gesagt, sie sollten immer so wie er dieses Mahl feiern. Nach dem Mahl hat Jesus seinen Jüngern die Füße gewaschen und sie eingeladen, es auch untereinander zu tun.

Am Karfreitag ist Jesus gestorben. Es gab viele Menschen, die Jesus nicht mochten. Jesus war für sie ein Lügner. Darum verfolgten sie ihn, nahmen ihn gefangen und nagelten ihn ans Kreuz. Jesus ist aus Liebe zu uns in den Tod gegangen.

Was feiern wir an Ostern?

Ostern ist das höchste Fest des Kirchenjahres. Wir feiern die Auferstehung Jesu vom Tod. Wir freuen uns darüber, dass Jesus lebt und nie mehr sterben wird.

Jesus war gekreuzigt worden und gestorben. Dann hatte man ihn begraben. Seine Freunde waren alle sehr traurig. Zwei Frauen, die Jesus gut kannten, gingen zum Grab, und als sie dorthin kamen, war da ein Engel, so steht in der Bibel. Er sagte zu den Frauen, die Jesus im Grab suchten: „Er ist nicht mehr hier. Er ist auferstanden. Kommt nur her und seht die Stelle, wo er gelegen hat!" Später erschien er auch seinen Freunden. Da begriffen sie: Jesus lebt! Und weil er den Tod besiegt hat, werden auch wir auferstehen!

Im Ostergottesdienst hören wir diese Osterbotschaft. Wir singen Lieder von der Auferstehung. Wir sehen die große Osterkerze und denken daran, dass sie ein Zeichen für den auferstandenen Jesus ist.

A
20
00
Ω

Was sind Heilige?

Heilige sind Menschen, die Gott ganz gehören wollen. Sie versuchen, ihr Leben wie Jesus zu leben, und bringen das Evangelium in die Welt. So dienen sie Gott und den Menschen in ganz besonderer Weise.

Es gab zu allen Zeiten Heilige. Märtyrer waren dabei, Einsiedler, Mönche, Fürstentöchter, Könige oder einfache Arbeiter und Bauern. Auch heute gibt es noch viele Heilige. In unseren Kirchen finden wir oft Bilder und Figuren von Heiligen. Du kannst sie erkennen an den verschiedenen Gegenständen, die sie bei sich tragen. So hat Petrus immer einen Schlüssel bei sich, Barbara einen Turm oder einen Kelch, Nikolaus drei goldene Äpfel, Christophorus einen Baumstamm in der Hand und das Jesuskind auf der Schulter, Augustinus ein brennendes Herz.

Wir danken Gott für die vielen Heiligen, die er uns geschenkt hat. Sie begleiten uns auf unserem Lebensweg als gute Freunde und zeigen uns, wie wir heute mit Gott leben können.

Pfingsten – was ist das?

Pfingsten ist eines der großen christlichen Feste. Es wird fünfzig Tage nach Ostern gefeiert. Das Fest, das schon seit dem 2. Jahrhundert gefeiert wird, erinnert uns daran, wie Jesus seinen Jüngern seinen Geist geschickt hat.

Die Bibel erzählt uns, wie es beim Pfingstfest war: Die Apostel, die Freunde von Jesus, waren in einem Haus in Jerusalem. Jesus war nicht mehr bei ihnen. Die Apostel hatten Angst. Da kam plötzlich der Heilige Geist wie ein Feuer vom Himmel auf sie herab.

Die Apostel waren überrascht. Auf einmal hatten sie keine Angst mehr. Sie begannen, in verschiedenen Sprachen zu reden. Sie riefen laut auf den Straßen: „Jesus lebt! Jesus hat uns lieb! Jesus ist unser Freund!“ Alle sollten diese Botschaft hören.

Einige Leute, die die Apostel hörten, lachten und spotteten: „Hört nicht auf sie, sie haben zu viel Wein getrunken." Da trat Petrus vor die Leute hin und sagte: „Diese Männer sind nicht betrunken. Es ist vielmehr etwas Großes geschehen. Der Geist Gottes ist auf sie herabgekommen."

Am Pfingstfest trägt der Priester beim Gottesdienst ein rotes Messkleid. Rot ist in der Kirche die Farbe des Heiligen Geistes. Der Heilige Geist, der Geist Gottes, wirkt auch heute noch in seiner Kirche.

An Pfingsten können wir im Gotteshaus und zu Hause so beten: „Guter Jesus, wir bitten dich: Sende uns deinen Geist! Sende ihn zu allen Menschen auf der Erde, in alle Städte und Dörfer, in jedes Land! Du hast uns alle lieb. Wir wollen immer zu dir gehören und anderen von dir erzählen. Bitte, hilf uns dabei – durch deinen Heiligen Geist."

Wir sind Kinder Gottes

Warum wurde ich getauft?

Weil mit der Taufe das Leben als Christ beginnt. Wer getauft ist, gehört zu Jesus. Eltern und Paten versprechen bei der Taufe, dass sie mit dem Täufling den Jesusweg gehen wollen. Jesus hat den Menschen gezeigt, wie sie leben sollen.

Als du getauft wurdest, wurde Wasser über deinen Kopf gegossen. Dabei sprach der Priester die Worte: „Ich taufe dich im Namen des Vaters und des Sohnes und des Heiligen Geistes." Früher wurde der Täufling ganz ins Wasser eingetaucht.

Bei deinem Pfarrer gibt es ein Buch, in dem alle eingetragen sind, die sich in der Gemeinde taufen ließen. Wenn du nicht an einem anderen Ort getauft wurdest, steht dein Name auch darin. Lass dir das Buch, wenn du lesen kannst, einmal zeigen!

Warum gehen wir am Sonntag ins Gotteshaus?

Weil der Sonntag ein besonderer Tag ist. Jesus ist am ersten Tag der Woche auferstanden und deshalb ist dieser Tag für Christen ein Feiertag.

Beim Sonntagsgottesdienst erinnern sich die Christen an das Leben, den Tod und die Auferstehung von Jesus. Sie versammeln sich am Vormittag oder am Abend, um die frohe Botschaft zu hören, die Jesus den Menschen gebracht hat. Sie bekennen, was sie glauben: „Jesus lebt. Er ist mitten unter uns. Er feiert mit uns." Jeder Sonntag ist ein Fest. Dieser Tag soll Gott gehören.

Christen danken am Sonntag Jesus für das, was in der Woche schön war, und für alles, was er für sie getan hat. Sie denken nach über den Weg, den sie mit Jesus in der kommenden Woche gehen wollen. Viele empfangen das heilige Brot, das Jesus ihnen geschenkt hat.

Hört mich Gott, wenn ich mit ihm spreche?

Ja, Gott hört alles, was du ihm sagst. Er hat dich sehr lieb und freut sich an dir. Und darum kannst du ihm alles sagen, was dir auf dem Herzen liegt. Du kannst Gott danken für die vielen schönen Dinge, die er dir jeden Tag schenkt: für deine Eltern, die dich gern haben; für deine Geschwister, mit denen du dich gut verstehst; für die Freunde, die mit dir spielen; für die Sonne, die dich wärmt …

Du kannst Gott um alles bitten, was dir Sorgen und Kummer bereitet. Du kannst für andere bitten: für Kranke, für Hungernde, für Einsame. Du kannst auch bitten für den Frieden in der Welt.

Dein großes Vorbild kann Jesus sein. Auch Jesus hat gebetet. Er hat sich gefreut über das, was Gott ihm geschenkt hat. Als seine Freunde ihn fragten, wie sie beten sollten, nannte er ihnen das „Vaterunser“. Bitte deine Eltern, dass sie es einmal mit dir beten!

Hilft mir Gott, wenn ich Angst habe?

Gott hilft dir, wenn du dich ganz auf ihn verlässt, wenn du dein ganzes Vertrauen auf ihn setzt, wenn du ihn in der Not bittest: „Guter Vater, bitte hilf mir in meiner Angst!“

Auch die Freunde von Jesus hatten einmal schreckliche Angst. Sie waren mit Jesus in einem Boot auf den See Gennesaret hinausgefahren. Jesus hatte sich schlafen gelegt. Da zog ein Unwetter auf. Das Boot wurde durch die Wellen hoch- und niedergeschleudert. Jesus aber schlief. Da weckten ihn seine Freunde und sagten: „Rette uns, wir gehen unter!“ Jesus antwortete ihnen: „Ihr braucht keine Angst zu haben. Ich bin bei euch. Das wisst ihr doch.“ Auf einmal legte sich der Wind und sie kamen sicher ans Ufer.

Auch du kannst zu Gott beten, wenn du Angst hast. Zum Beispiel so: „Wo ich gehe, wo ich stehe, bist du, lieber Gott, bei mir. Wenn ich dich auch niemals sehe, weiß ich sicher: Du bist hier. Ich danke dir dafür.“

Verzeiht mir Gott immer wieder?

Ja, Gott verzeiht dir immer wieder, wenn du ihn um Verzeihung bittest. Gottes Liebe ist unendlich groß. Er liebt dich noch mehr, als dich deine Eltern, Großeltern und Geschwister lieben. Besonders beim Abendgebet kannst du dem lieben Gott sagen, was am vergangenen Tag nicht gut gewesen ist. Vielleicht hattest du Streit mit deinem Freund. Er hat dich nur ein bisschen geärgert und du hast ihn dann gekratzt und an den Haaren gerissen.

Fast immer passiert etwas, was nicht gut ist. Was zum Beispiel dem anderen weh tut, ist nicht recht. Das will Gott nicht. Aber du kannst dem lieben Gott sagen, dass es dir leid tut. Und dass du es wieder in Ordnung bringen willst.

„Lieber Gott“, so kannst du abends beten, „heute war kein guter Tag. Ich hatte Streit mit meinem Freund. Bitte, verzeih mir! Streit ist nicht schön. Gib, dass wir uns schnell vertragen und morgen wieder friedlich miteinander spielen können. Ich danke dir dafür.“

Was ist ein Engel?

Engel sind keine Geister, die um den lieben Gott herumfliegen. Engel sind Boten Gottes, die den Menschen etwas auszurichten haben. Die Bibel erzählt von ihnen.

So erschien ein Engel dem heiligen Josef im Traum. Er sagte ihm, er solle mit seiner Familie fliehen, weil die Soldaten des Königs Herodes den kleinen Jesus töten wollten. Josef tat, was ihm der Engel gesagt hatte, und so hat der kleine Jesus überlebt.

Als die trauernden Frauen zum Grab Jesu gingen, um Jesus zu salben, saß dort ein Engel in einem weißen Gewand und sagte ihnen: „Ihr sucht Jesus von Nazaret, den sie gekreuzigt haben. Er ist nicht hier. Er ist auferstanden!“

Es gibt auch Menschen, die wir „Engel“ nennen. Sie haben ein Herz für andere Menschen. Sie trösten diejenigen, die traurig sind. Sie besuchen Kranke und Einsame … Warst du auch schon ein solcher Engel?

Warum gibt es böse Menschen?

Eigentlich hat Gott die Menschen gut geschaffen. Er will, dass sie das Gute tun, aber er zwingt sie nicht dazu. Gott hat ihnen Verstand und Freiheit gegeben, so dass sie sich selbst für das Gute oder das Böse entscheiden können.

Bei den Tieren ist das anders. Tiere können nur das tun, was in ihrer Natur liegt. Tiere gehen ihrem Trieb nach und deshalb können sie nicht wählen zwischen Gut und Böse.

Menschen tun immer wieder etwas Böses. Da ist zum Beispiel ein Kind. Es sieht, dass ein anderes Kind etwas Schönes hat, das ihm auch gefällt. Da wird es neidisch und nimmt es dem anderen Kind einfach weg.

Oder ein Mann sieht, dass ein anderer viel Geld hat. Er schlägt ihn zusammen und nimmt ihm das Geld weg. Vielleicht sagt er auch noch anderen Leuten, dass sie es genauso machen sollen. So böse können Menschen werden!

Was ist die Hölle und wer kommt da hinein?

Wenn früher die Leute von der Hölle redeten, dann stellten sie sich oft einen Platz tief unter der Erde vor, wo die bösen Menschen nach ihrem Tod hinkommen. Dort soll die ganze Zeit ein Feuer brennen, in dem die Menschen „Höllenqualen" erleiden.

Das ist sicher nicht richtig. Hölle meint etwas anderes. Hölle meint: Wenn sich ein Mensch im Leben nie um Gott gekümmert hat, dann wird sich auch Gott nicht um ihn kümmern, wenn er nicht mehr lebt.

Wer sein ganzes Leben gemein war und anderen Menschen weh getan hat, ohne es zu bereuen, darf nicht damit rechnen, dass er nach seinem Tod bei Gott sein kann. Hölle heißt: immer und ewig von Gott getrennt sein.

Was versteht man unter Kirche?

Kirche ist die Gemeinschaft aller Christen auf der ganzen Welt. In Afrika, in Australien, in Indien, in Griechenland, in Polen, in Großbritannien, in Deutschland – überall leben Christen.

Die Christen helfen einander, den Weg zu Gott zu gehen. Sie leben in Pfarrgemeinden. Leiter der Pfarrgemeinde ist der Pfarrer. Viele helfen ihm bei seiner Arbeit: der Diakon, der Pfarrgemeinderat, der Organist, die Leiterin des Kindergartens ... Vielleicht kennst du einige Leute, die in deiner Gemeinde arbeiten. Vielleicht kennst du die Leiterinnen und Leiter der Kindergruppen, den Chorleiter oder Kinder, die Messdienerinnen und Messdiener sind. Vielleicht kennst du auch den Pfarrer selbst.

Viele Pfarrgemeinden zusammen sind eine Diözese. Der Bischof ist der Leiter der Diözese. Auch er hat viele Mitarbeiter und Helfer. In Rom wohnt der Papst. Er leitet zusammen mit allen anderen Bischöfen die katholische Kirche.

Wer war der erste Papst?

Als ersten Papst bezeichnet man den heiligen Petrus. Simon Petrus stammte aus dem Dorf Betsaida in der Nähe des Sees Gennesaret. Er war ein einfacher und frommer Mann. Mit seiner Frau wohnte er in Karfanaum und arbeitete dort als Fischer.

Als Jesus Petrus zum ersten Mal sah, wusste er gleich, wer dieser war: „Du bist Simon, der Sohn des Johannes." Dann gab er ihm einen neuen Namen: „Du sollst Petrus, das heißt ‚der Fels', heißen."

Überall, wo Jesus das Wort Gottes verkündete, war Petrus dabei: in Galiläa, in Samaria und in Judäa. Petrus hat alles, was Jesus getan hat, gesehen und alles, was er gesagt hat, gehört.

Einmal ließ Jesus Petrus über die Wellen des Meeres wandern. Und siehe da: Petrus ging nicht unter! Es kam ihm vor, als wanderte er über trockenes Land. So lieb hatte der Herr seinen Jünger.

Bevor Jesus zu seinem Vater in den Himmel ging, machte er Petrus zum Papst, also zum Oberhaupt der Kirche. Er fragte ihn dreimal: „Simon, Sohn des Johannes, liebst du mich?“ Petrus gab ihm zur Antwort: „Ja, Herr, du weißt, dass ich dich lieb habe.“ Dann sagte Jesus zu Petrus: „Weide meine Schafe!“

Petrus tat, was der Herr ihm gesagt hatte. Er predigte und lehrte, bekehrte und taufte die Menschen. Mehrmals wurde er verhaftet und ins Gefängnis geworfen. Aber Petrus gab nie auf und verkündete ohne Furcht das Evangelium, die frohe Botschaft von Gott.

Seine Reisen führten Petrus weit übers Meer. Er kam bis nach Rom. Hier wurde er schließlich ans Kreuz genagelt und starb freudig für seinen Herrn Jesus Christus. Das war im Jahr 67. Das Fest des heiligen Petrus feiert die Kirche am 29. Juni.

Leid und Tod

Warum lässt Gott Kriege zu?

Das weiß ich auch nicht. Gott hat Pläne, die wir nicht kennen. Er allein weiß, wozu alles gut ist. Verstehen können wir das aber nicht immer. In den Nachrichtensendungen sehen wir, wie schlimm Kriege sind. Da gehen Menschen mit Panzern und Waffen aufeinander los. Da werfen Flugzeuge Bomben ab und zerstören Städte und Dörfer. Da werden Unschuldige erschossen.

Aber nicht Gott trägt die Schuld an diesen Kriegen. Schuld haben die Menschen. Sie versprechen sich von ihrem bösen Tun Vorteile. Sie wollen mehr Macht, mehr Land oder mehr Reichtum. Darum fangen sie Kriege an und fügen anderen Menschen schlimmes Leid zu.

Du kannst Gott bitten, er möge mithelfen, dass nicht mehr so viele Menschen anderen Böses antun. Du kannst ihm auch versprechen, dass du immer mit anderen Frieden halten willst, dass durch dich niemand traurig werden soll.

Wo ist jetzt der tote Opa?

Der Körper von Opa liegt im Sarg auf dem Friedhof. Opas Augen können nicht mehr sehen, sein Herz schlägt nicht mehr, seine Hände und Füße können sich nicht mehr bewegen. Opa braucht aber seinen Körper auch nicht mehr. Denn Opa ist jetzt bei Gott. Bei ihm hat er es gut. Er kann nun für immer in der Gemeinschaft mit Gott froh und glücklich sein.

Wenn ein Mensch wie dein Opa stirbt, ist das ähnlich wie bei einem Schmetterling. Erst ist der Schmetterling eine Raupe. Eines Tages entwickelt sich aus der Raupe ein schöner Schmetterling. Eine leere Hülle bleibt zurück und der schöne Schmetterling fliegt über die Blumenwiese und ist glücklich.

Du solltest gelegentlich für deinen toten Opa zum lieben Gott beten. Vielleicht so: „Lieber Gott, ich glaube, dass mein Opa jetzt bei dir ist und dass es ihm da gut geht. Lass ihn für immer bei dir fröhlich sein! Hilf mir, dass ich über den Tod meines Opas nicht mehr so traurig bin!“

Warum sterben wir Menschen?

Weil alles, was auf der Erde lebt, irgendwann aufhört zu leben. Wir Menschen gehören zu diesem Leben auf der Erde. Hier haben wir einen Anfang und ein Ende. Wir werden geboren und müssen eines Tages sterben.

Auch Omas Körper hatte keine Kraft mehr zum Leben. Ihr Herz war krank und verbraucht. Oma musste sehr viel arbeiten, und eines Tages machte ihr Herz nicht mehr mit. Wenn aber das Herz nicht mehr mitmacht, dann muss man sterben.

Doch wir Christen glauben, dass mit dem Tod nicht alles zu Ende ist. Weil Jesus auferstanden ist, hat er den Tod besiegt. Deswegen hoffen wir, dass wir nach dem Tod bei Gott weiterleben dürfen.

Warum leuchten Lichter auf den Gräbern?

Die Lichter sind ein Zeichen für das Leben. Wir glauben und hoffen, dass unsere Verstorbenen bei Gott sind und dass sie für immer bei ihm glücklich und froh leben dürfen.

Besonders am Allerseelentag (2. November) stellen wir Lichter auf die Gräber. Aber das ist nicht alles: Wir schmücken auch die Gräber mit vielen Blumen und Kränzen und segnen sie mit Weihwasser. Zusammen mit dem Priester und vielen anderen Menschen beten wir dabei auf dem Friedhof für die Verstorbenen: „Herr, gib ihnen die ewige Ruhe, und das ewige Licht leuchte ihnen. Herr, lass sie ruhen in Frieden."

Mit den Lichtern, den Blumen und dem Weihwasser wollen wir – nicht nur an diesem Tag, sondern immer – sagen, dass wir an die Auferstehung der Toten glauben. Wir wollen uns bewusst machen: Die Welt kommt von Gott und geht wieder zu Gott zurück.

Inhalt

Vorwort an die Eltern 3

Vater unser im Himmel

Kommt die ganze Welt von Gott? 5
Wo wohnt der liebe Gott? 8
Wie sieht Gott aus? 10
Ist der liebe Gott ein Mann? 11
Hat mich der liebe Gott gemacht? 12
Ist Maria die Frau von Gott? 14
Wer ist Jesus? 16
Ist Jesus in der kleinen Hostie? 18
Gottes heiliger Geist – was ist das? 20

Durch das Kirchenjahr

Warum feiern wir Advent? 22
Wer ist der Nikolaus? 24
Warum reden wir vom Christkind? 26
Was bedeuten die Buchstaben C+M+B? 28
Wozu bekomme ich Asche auf die Stirn? 30
Karwoche – was bedeutet das? 31
Was feiern wir an Ostern? 32

Was sind Heilige? 34
Pfingsten – was ist das? 36

Wir sind Kinder Gottes

Warum wurde ich getauft? 38
Warum gehen wir am Sonntag ins Gotteshaus? 40
Hört mich Gott, wenn ich mit ihm spreche? 42
Hilft mir Gott, wenn ich Angst habe? 43
Verzeiht mir Gott immer wieder? 44
Was ist ein Engel? 46
Warum gibt es böse Menschen? 48
Wo ist die Hölle und wer kommt da hinein? 49
Was versteht man unter Kirche? 50
Wer war der erste Papst? 52

Leid und Tod

Warum lässt Gott Kriege zu? 54
Wo ist jetzt der tote Opa? 56
Warum sterben wir Menschen? 58
Warum leuchten Lichter auf den Gräbern? 60